FAMIGLIA E OUTRAS CRÔNICAS

Selene Fagundes

1ª Edição

CASA DO
ESCRITOR

Porto Alegre
2018

Famiglia e Outras Crônicas
Selene Fagundes

Edição
Eldes Saullo

Revisão
Aline Job

Foto
Adriana Marchiori

Projeto Gráfico e Editorial
Casa do Escritor
www.casadoescritor.com.br

Famiglia e Outras Crônicas — 1 ª Edição

ISBN-13: 978-1718080249

Selene Fagundes, Porto Alegre, Casa do Escritor: 2018

Sumário

Indiferença

Na esquina de casa vejo um sem-teto. Sujo, desgrenhado, com falta de dentes. Deve ter vinte anos, no máximo. Dorme a manhã inteira na calçada, na frente de um cartório.

Na próxima esquina, outro. Negro, magro e visivelmente faminto. Cuida dos carros na rua durante a noite e dorme todo o dia. Bebe e descansa sobre caixas de papelão abertas.

Na entrada do supermercado, uma família. Mãe e filhos de idades variadas, Uma menina de uns quinze anos, um menino de doze anos, outra menina de cerca de dez anos, e um bebê no colo da mãe. Aparecem de manhã cedo, e pedem coisas para comer. Leite, pão, açúcar.

Mais alguns passos, e toda uma comunidade dorme embaixo de uma marquise. Três homens adultos e uma mulher franzina. Dormem o dia todo, cobertos por caixas.

Cerca de cinco quadras e toda uma realidade exposta, para quem quiser ver. Crianças, velhos, todos. Mas parece que ninguém vê. Cegos pelo desamor. Anestesiados pela crença de que não podemos fazer nada. Desobrigados de todas as responsabilidades.

Essa indiferença faz com que continuemos a viver, mas existe um custo que é cobrado no nosso dia a dia, quando morremos cedo de enfarte, quando não conhecemos nossos filhos e quando, finalmente, nos despedimos deste mundo sem nunca tê-lo visto.

A princesa cresceu
e ficou triste

Ela era menina
linda
e todo mundo falava isso
usava vestidos lindos
e todo mundo falava
que linda – uma princesa
tinha coroa, vestido comprido, e tudo era
rosa
seu quarto era rosa, e era cheio de
brinquedos
bonecas, maquiagens, roupas
e ela rezava para crescer rápido, ser uma
moça loira
com cabelo comprido e cintura fina

casar com um príncipe e ser feliz pra
sempre
e então ficava tudo nebuloso – e não sabia
ao certo o que era ser feliz

Cresceu – seu cabelo era comprido – não
era loiro, mas tudo bem
sua cintura não era muito fina, mas a
academia existe pra quê?
Todo rapaz que conhecia, pensava que era
um príncipe, mas tudo bem
ficou sabendo que mesmo as princesas
precisavam trabalhar
arrumou um emprego e lá todas eram
bruxas

Um dia conheceu um que parecia príncipe
era hora de casar, e ser feliz
planejou o casamento, com tudo que havia
imaginado desde menina
vestido lindo, grinalda, festa, músicas
treinou as danças com o noivo, para tudo
ficar perfeito

Casou,
depois de algum tempo, se deu conta que
o marido não era um príncipe, mas tudo

bem
viu que estava com celulite, mas tudo bem
uma noite ele lhe deu uma bofetada
aí ela descobriu
não era uma princesa.

O jeitinho
de vovó

Vó Idalina era uma pessoa muito especial, simples e cativante. De uma sinceridade que impressionava.

Meu avô morreu, deixando-a viúva com oito filhos, e em condições precárias. Então, para sobreviver, como a maioria dos Uruguaianenses da época, ela ia até Passo de Los Libres semanalmente; para buscar batatas, sabão e outros gêneros que eram muito baratos lá, fazendo o que se poderia chamar de um "contrabando doméstico." Já havia feito amizade com os oficiais da Alfândega, que a tratavam com carinho. Um dia, um deles se aproximou e contou para ela, em segredo, que iria chegar um novo oficial, que esse era muito rígido, e que certamente não permitiria que ela passasse nada.

Na vez seguinte, minha avó, com todo o seu jeitinho de vovó carinhosa, aproximou-se de um oficial e cochichou:

— Meu filho, eu sou viúva, com oito filhos, e preciso passar para comprar comida, mas me avisaram da chegada de um novo oficial, que seria muito carrasco. Poderias me ajudar e me avisar, quando eu voltar, quem é esse novo oficial, para que eu não passe no guichê dele?

O rapaz, sério, colocou gentilmente a mão no ombro dela e falou em voz alta:

— Passa vovó. O novo oficial sou eu, mas não tem problema, a partir de agora, quando a senhora quiser passar, fale comigo.

O striptease de vovó

Minha avó era linda. Rósea, delicada, cheirosa. Quando ela vinha nos visitar, um momento muito esperado era quando ela tirava a roupa.

Ela fazia sua própria roupa de baixo, com rendas e cetim cor de rosa que trazia da Argentina. A gente tinha impressão de que as roupas dela não terminavam nunca... E eram muitas peças.

Começava com o vestido, que sempre era de seda, com estampados discretos, em preto e branco ou cinza. Logo depois vinha a combinação, ou viso, como ela chamava. Era de alcinhas finas (roletês) com rendas largas num tom de rosa pastel. Depois vinha a cinta-liga, prendendo meias de *nylon* geralmente fumês. O sutiã – ou porta seios, era imenso, quase um corpete, com grandes círculos costurados nos seios. A calcinha era tudo, menos uma calcinha. Era quase uma bermuda de cetim e rendas. Cobria suas coxas até a metade, e eram largas, como um saiote. A cada peça retirada, uma nuvem de perfume se soltava, numa mistura de colônia e pó de arroz.

Eu, menina, ficava olhando, encantada, esse ritual de feminilidade.

O jeitinho de mamãe

Minha mãe era uma mistura de ingenuidade e esperteza. Todo o tempo se colocava em situações difíceis para a maioria dos mortais, mas saía delas incólume, como se nada tivesse acontecido.

Em um entardecer de verão, eu – que na época tinha dezoito anos, minha mãe e uma amiga dela, fomos a um barzinho, próximo a nossa casa, no centro da cidade.

Estávamos conversando, quando começou um típico temporal de verão, com ventos fortes e muitos trovões. Faltou luz. O bar, em segundos, começou a inundar. Minha mãe, brincalhona, falou: socorro, um marinheiro, por favor. De uma mesa ao lado, se levantou um bonito senhor, e disse; Capitão Ricardo às suas ordens, senhora!

Nós, surpreendidas, rimos, achando que era brincadeira. Não era. Ele sentou a nossa mesa, e ficou conversando longamente. O temporal amainou e nós continuamos no bar. Ele contou sua carreira na Marinha, e como viajava pelo Brasil todo.

Falou que seu navio estava ancorado no porto, e que estava aberto para visitação. Convidou-nos para ir visita-lo no dia seguinte.

E foi assim, que eu, de salto alto e saia branca, aos dezoito anos, conheci um navio de alto a baixo, perturbando a concentração dos marinheiros.

Capitão Ricardo

Depois de visitar o navio, minha mãe saiu para jantar com o Capitão Ricardo. Alguns dias depois estavam namorando, felizes. Ele ia e vinha por vários portos brasileiros, mas quando estava próximo de Porto Alegre, sempre vinha visitá-la. Nos intervalos mandava cartas amorosas, que nós todas líamos ansiosas.

Uma tarde, bateram a nossa porta, e eu fui olhar, para ver quem era. Um jovem marinheiro, de cerca de dezenove anos, bem bonitinho, aguardava envergonhado do lado de fora, com o quepe na mão. Abri a porta, entusiasmada. Pois não?

Queria falar com Dona Maria, vinha em nome do capitão Ricardo. Trazia uma carta do mesmo.

Chamei minha mãe, que veio super alegre, e recebeu o rapaz de braços abertos. Convidou-o a sentar, e ofereceu um cafezinho. Conversaram, e minha mãe perguntou sobre o Capitão, onde estavam ancorados, e quais eram as novidades. O marinheirinho, alegre, relatou tudo com muito entusiasmo, e falou da sua admiração pelo Capitão Ricardo. Falaram horas. Eu fui sutilmente até a sala, tentei entrar na conversa, tomei café, mas tive que desistir. Frente ao fascínio de minha mãe, eu não podia fazer nada, a não ser me acomodar ao papel de coadjuvante.

No decorrer dos dias, o jovem marinheiro nos visitou várias vezes, sempre alegre. Depois de uma semana, se declarou apaixonado pela minha mãe. Passou a lhe enviar cartas de todos os portos.

Eu, apavorada, alertei minha mãe que eles estavam no mesmo navio, ele e o Capitão

Ricardo, e que isso ainda iria dar morte no mar. Ela, tranquila, disse: fica calma, minha filha, eles não vão falar sobre isso um com o outro. Dito e feito.

Chá da tarde

Eu, minha mãe, e uma amiga dela, queríamos tomar um chá em Ipanema, bairro próximo ao Guaíba, em Porto Alegre.

Colocamos nossas melhores roupas e fomos esperar um ônibus na parada perto do parque Marinha do Brasil. Já estávamos esperando a um bom tempo, e começamos a ficar impacientes. Minha mãe, que era uma senhora muito chique, com cerca de quarenta e cinco anos, unhas longas perfeitas, resolveu pedir carona.

Eu, horrorizada, afirmei que isso era um perigo, e não concordei. Ela, entretanto, não deu bola e começou a fazer sinal para os carros. Eu avisei que não sentaria na frente de jeito nenhum, e fiquei furiosa. Nesse momento, estaciona um carro com um rapaz sozinho. Minha mãe explica que queríamos ir para Ipanema, e o ônibus não passava há horas. Ele, muito educado, diz que nos leva sem problema. Subimos no carro, eu e a amiga no banco de trás, e minha mãe na frente, ao lado do motorista. Ela vai o tempo todo conversando, e pergunta várias coisas sobre a vida do rapaz.

Descobrimos que ele é da Brigada Militar, major. Que se chama João, que é solteiro, mora sozinho, e gosta muito de música. Chegamos à casa de chá que queríamos, e nos despedimos dele. Ele perguntou que horas pretendíamos voltar. Minha mãe disse que dali a cerca de duas horas. Duas horas depois, João apareceu com quem não queria nada, e levou-nos para casa, sãs e salvas.

Dias depois eu estava na rua, e quando cheguei em casa, encontro meu pai, minha mãe e o João calmamente tomando café e ouvindo música clássica.

O poeta
da portaria

Morávamos, eu e minha mãe, num edifício antigo, de cerca de 60 anos. Nele havia uma portaria majestosa, com um balcão em mármore negro. Para trabalhar nessa portaria foi contratado um porteiro, um senhor muito humilde e simpático.

Logo ficou conhecendo minha mãe, por quem demonstrava um grande respeito. Era dona Maria pra cá, dona Maria pra lá. Nós notávamos que ele a olhava com admiração, quase reverência. Também notamos que ele carregava um caderninho consigo, e que assim que minha mãe passava, ele começava a escrever freneticamente. Um dia, após uns meses trabalhando na portaria, o porteiro teve coragem, e mostrou para minha mãe o que ele tanto escrevia. Eram dezenas de poemas, inspirados por ela. Enchiam cadernos e mais cadernos.

Tenho até hoje esses cadernos.

Bella dança

Dança na vida e na profissão. Durante o dia é funcionária das Americanas. De noite, dá aulas de dança do ventre.

De dia usa um uniforme, blusa branca fechada até o pescoço e calça azul-marinho. O cabelo é sempre preso e a maquiagem discreta.

À noite, veste-se de véus e de brilho.

De dia, lida com a rotina, o usual.

À noite, trabalha com a fantasia e o mistério.

De dia, vive uma vida simples, com hábitos comuns.

À noite, produz o sonho, a idealização do corpo feminino.

É sexta feira, Bella tem uma festa à fantasia depois da aula. Ela vai de pijama de pelúcia, com um travesseiro debaixo do braço.

Logo que entra, Bella percebe que seus amigos estão olhando para ela. É que o dono da casa colocou uma música árabe para dançar.

Todos olham para Bella, e ela lentamente vai deslizando os dedos pelo pijama, tirando-o pelos ombros.

Uma brilhante roupa de dançarina árabe surge por baixo do pijama.

Era um quarto claro

Era um quarto claro, arejado. Uma cama de solteiro no centro, com uma colcha branca, um roupeiro antigo, de duas portas, e uma penteadeira vazia eram os únicos móveis. Uma cortina branca, escassa e já usada tentava cobrir a única janela. Era uma janela antiga, alta, que dominava o ambiente. Nem tapete, nem anjinhos na penteadeira, nem quadros nas paredes. Nem sequer um perfume no ar. Tudo limpo e claro. O teto alto dava maior destaque às paredes cuja pintura já gasta mostrava sua idade.

Um visitante curioso teria uma surpresa se abrisse as duas únicas portas do roupeiro. Mesmo se o fizesse lentamente, não poderia evitar uma verdadeira cascata de brilhos e cores que saltariam do móvel. Por um momento pensaria ter aberto uma porta da caverna de Ali Babá, com seus tesouros secretos. Uma coleção de roupas de dança do ventre estava apertada no roupeiro, e até um vago perfume exótico parecia querer sair. Colares, pulseiras, lantejoulas e falsos brilhantes caíam procurando liberdade. O movimento instintivo do visitante seria abrir cada uma daquelas roupas, e colocá-las sobre a cama, pendurá-las nas portas, no espelho vazio da penteadeira. Poderia imaginar que estava num Harém da Arábia antiga, com todos os seus perfumes e brilhos.

Eu e a barata

Tarde da noite, eu deitada, percebo que minha filha Filó (gata) está agitada. Acendo a luz e ela está olhando fixo para o espelho. Presto atenção, e vejo uma barata enorme, voadora, grudada no espelho. Levanto e avanço em direção a barata, com um chinelo. Ela voa em minha direção, eu grito, e ela se esconde embaixo do meu criado mudo. Resolvo deixara caçada para o outro dia de manhã, e apago a luz. Ledo engano, não consigo dormir com a "presença" no meu quarto.

Calmamente, vou à cozinha, me armo de spray inseticida e a arma universal feminina – a vassoura!

Volto para o quarto e começo a perseguição. Atinjo o inimigo com baforadas de spray. Tonta, a barata corre para baixo da cama. Eu dou a volta correndo, e bato desesperadamente na barata com a vassoura. Pift, paft, puft. Filó, em cima da cama assiste a tudo apavorada. Depois de muitas tentativas, a barata está aparentemente morta. Vou na cozinha pegar a pá de lixo. Quando volto, a barata está viva novamente. Pift, paft, puft novamente. Finalmente pego a barata morta com a pá de lixo e levo para o banheiro. Me livro do cadáver atirando-o na privada. Volto pro quarto ofegante. Olho para minha filha Filó e ela também está ofegante!

Mês das noivas

Quando se fala, hoje em dia, de mês das noivas, de casamento, só o que se pensa é em modelos de vestidos de noiva, tipos de arranjos de flores, docinhos e, é claro, o bolo.

As noivas ficam meses planejando, e às vezes, precisam contratar um organizador profissional de casamentos, tantos são os detalhes a coordenar. São inúmeros tipos de doces para degustar, músicas para escolher, danças para ensaiar, e principalmente, escolher o vestido ideal para a cerimônia.

Parece que todos esqueceram o objetivo de um noivado, que é conhecer mais profundamente o parceiro, comprometer-se com outra pessoa. A oportunidade de se conectar realmente a outro indivíduo, de dividir experiências, pensamentos e sonhos não importa mais.

Pode-se relacionar, perfeitamente, a quantidade de casamentos fracassados com essa forma superficial de encarar a questão. Seria mais interessante gastar toda essa energia, tempo e dinheiro estudando formas de se relacionar melhor, de compreender mais as pessoas, ou de expressar melhor os sentimentos.

A futilidade se sobrepõe e domina as relações. A aparência vale mais que o significado.

Mulher moderna

Ela acorda e vai tomar banho.

Passa, antes de entrar no chuveiro, um esfoliante corporal, depois o sabonete para o corpo, depois o esfoliante e o sabonete para o rosto. Para lavar o cabelo, em primeiro lugar, passa um esfoliante do couro cabeludo, depois um xampu anti-resíduos, e um condicionador. Ao sair do banho, passa um óleo corporal e deixa secar naturalmente. Em seguida, desembaraça os cabelos com um *leave in,* e ajuda com uma mouse com duas gotas de silicone. Passa um desodorante para clarear as axilas, e depila as pernas com uma cera que aquece nas mãos. Em seguida, passa um hidratante corporal que combate a celulite enquanto deixa a pele mais firme.

E depois apaga a luz e vai dormir.

Mulheres na política

Por que o número de mulheres na política é tão pequeno? Por que é tão difícil para a mulher entrar no campo da política?

Para responder essa questão, talvez devamos nos transportar a outros tipos de situação. Toda a vez que há um conflito, ou uma discussão sobre um determinado tema, as mulheres geralmente não se destacam. Parece que sempre que é necessário defender uma ideia, um projeto, é necessária uma grande dose de testosterona. Para a maioria das mulheres, é mais importante preservar a sua saúde, ou pelo menos a sua saúde mental, do que discutir interminavelmente um dado assunto.

Aí começamos a tocar em outro ponto: o nível das discussões hoje em dia. É possível que com a Internet as pessoas estejam perdendo o filtro das boas maneiras, ou talvez seja moda ofender os outros sempre utilizando referências pessoais. Ou só se ofende as mulheres de modo pessoal? Parece que toda vez que não se concorda com as ideias de uma mulher, esta deve ser atacada em termos pessoais. A mulher se chama de puta, vagabunda. O homem, no máximo, de corrupto. A necessidade de bater com os punhos na mesa parece estar sempre presente.

Não somos treinados a discutir as coisas com bons modos, com civilidade. Sempre acho interessante que nos filmes de super heróis, as discussões surgem do nada, e os oponentes vão logo para o combate. Nunca vi um filme (para crianças?) que sugerisse a ideia de discutir calmamente, ao redor de uma mesa o assunto que iria derivar em conflito. A própria guerra, como nós a conhecemos, é desnecessária se conseguirmos discutir os pontos de conflito. A negociação é uma ciência perdida, mas que precisa ser revigorada, se quisermos que as próximas gerações de mulheres tenham voz na política.

Obrigações

A mulher vive cheia de obrigações. Os famosos "tem que". "Tem que" ser bonita, magra, eficiente, e, antes, de mais nada, tem que ser mãe e desdobrar-se fibra por fibra.

No momento e que a mulher questiona qualquer um desses mandamentos, é expulsa da sociedade e passa a ser uma pária.

A maternidade é um destino biológico, que não pode ser questionado. Fomos feitas pra isso, e ponto. Mas ninguém pensa que entre ser uma mãe amarga, recalcada, e que desconta nos filhos, ou ser uma mulher sem filhos, mas que inspira, orienta e acolhe muita gente, a última opção pode ser a melhor. Conhecemos muitas pessoas cuja vida foi totalmente destruída por uma infância infeliz, por um relacionamento doentio com a mãe. Mas nunca pensamos que essa mulher não teve opções, que foi simplesmente obrigada a ter filhos. Que ninguém perguntou se ela queria isso para ela mesma. Quantas mulheres queriam um destino bem diferente. Estudar, trabalhar, viajar, virar hippie, enfim. Sonhos diferentes daquela vida que lhes foi imposta. Ter o direito de pensar a sua vida como uma construção própria é uma novidade.

"Peripécias de Selene Fagundes na terra do Bacalhau"

I **Parte** – Missão quase impossível – exportação, encaminhamento e desencalhe do corpo.

Prólogo

Nossa agente foi exportada com sucesso da terra Brasilis, e agora se aproxima um dos momentos mais esperados desse drama, ou seja, o encaminhamento do corpo.

Relataremos a seguir as peripécias da nossa heroína em busca de um salário fixo e recompensador na terra do Tio Sam (desculpe, Bacalhau).

Na busca incessante de uma nova fonte de renda, nossa heroína foi levada a enfrentar várias dificuldades, no decorrer da terça feira última.

Foi submetida a um teste dificílimo de QI, no percurso até Lisboa.

Primeiro, teve que enfrentar os perigos de um Comboio (tipo de trem, série de vagões) de Cascais até Cais de Sodré (Lisboa) depois enfrentou o escuro dos tuneis do metro até Baixa/Chiado, onde trocou de linha até Marquês do Pombal, onde trocou novamente de linha, buscando chegar ao seu inolvidável destino (repetido como uma oração)— o Campo Pequeno. Lá chegando, envergando sempre uma armadura branca, na última moda, chegou à porta aonde se escondia o seu talvez, futuro empregador...

Enfrentou então uma dura conversa de 1h e 20min, sobre a conjuntura Publicitária /mercadológica na terra do Bacalhau, com seu opositor, digo, futuro chefe, espero.

Logo após, aliviada, encaminhou-se para outros futuros empregadores, a fim de distribuir seu brilhantíssimo currículo (anteriormente revisado por especialistas da terrinha) permitindo assim que metade de Lisboa ficasse sabendo de sua revolta contra o inventor da sandália de saltinho.

Arrastando-se no caminho de retorno, já fatigada, pensou na hipótese de entrar no comboio de pés descalços, mas com medo de (é claro) lançar mais essa moda tupiniquim, aguentou firme, como manda a etiqueta.

O cérebro já não respondia mais, mas tinha que repetir o caminho de volta, principalmente por que o medo maior era errar o caminho e ir parar em Porto Alegre de volta... Ai meu deus!

Ocorrência policial com Leninha Fagundes

Ontem à noite, voltando de suas compras em Beverly Hills, (Shopping Iguatemi) Leninha viu-se seguida por um desconhecido — que lamentavelmente não correspondia aos seus ideais estéticos!

Esquecendo-se momentaneamente de seus sapatinhos Manolo Blahnik, Leninha iniciou uma corrida maluca, mas ao perceber que o facínora estava armado, parou.

Questionou o meliante com a seguinte frase clássica: Qual é que é, cara?

O meliante afirmou só querer o celular de Leninha — o aparelho, graças a Deus — no que foi prontamente atendido por nossa mocinha.

 Olhado com descaso por Leninha, que já ia dando sequência a sua caminhada, ele afirmou não querer "machucá-la" (assim mesmo) e que estava armado.

Desconfiamos que ele precisará de terapia urgente por não ter causado na mocinha o estado de nervos esperado, nem gritos, nem lágrimas. Caso algum terapeuta de bom coração esteja lendo estas linhas, posso fornecer maiores dados do ladrão. (Ladrão também é gente)

A decepção será dupla, quando ele verificar o modelito do celular roubado — custou a incrível importância de 99 real!

Sessenta rosas

Eu tinha cerca de vinte anos, e uma noite fui ao teatro com minha mãe. Voltamos a pé. Tinha chovido e nós duas vestíamos capas de chuva pretas.

No outro dia, logo cedo, chegou um buquê de rosas. Sessenta. Era tão grande que ocupava todo o mármore da portaria. Foi endereçado a moça alta e magra de capa preta. Minha mãe, imediatamente, imaginou que fosse para mim. Na tarde daquele dia apareceu um senhor claro, que entregou a minha mãe um cartão de visitas, onde dizia que ele trabalhava com diamantes.

Quando eu cheguei da rua, ao entardecer, fui surpreendida com o buquê. Todas as vizinhas já tinham xeretado as flores, querendo saber para quem eram e de quem eram. Perguntei para minha mãe como era fisicamente esse senhor, e ela não conseguia me dar uma descrição precisa. Eu disse para minha mãe que certamente as flores eram pra ela, mas que quando ela desceu para pegar o cartão de visitas, usava um vestido de ficar em casa e rolinhos nos cabelos. Eu disse que quando ele a viu, daquele jeito, inventou na hora a história de que era comigo que ele queria falar.

Eu liguei para o número que constava no cartão, para agradecer. O senhor claro me convidou para jantar no outro dia, e eu aceitei. Ele veio me buscar em casa, e quando eu o vi, descobri porque minha mãe não conseguia descrevê-lo. Ele era claro, vestido com um terno bege claro, com uma camisa branca e gravata clara. Seus olhos eram castanhos esverdeados tão claros, que quase não se enxergava. Seus cílios eram claros, quase transparentes. Era completamente careca, e muito, mas muito claro. Ele tinha cerca de sessenta anos e nenhum charme pessoal.

Minha primeira impressão foi de decepção, mas resolvi aguentar firme o jantar. O senhor era delicado, mas muito formal. Durante o jantar ele me fez uma proposta, de me dar uma quantia vultosa a cada ano que eu ficasse com ele e se a nossa relação durasse por cinco anos, ganharia um apartamento. Ao final de vinte anos eu teria um apartamento na cidade, uma casa na praia, e outra na serra. Fiquei, antes de mais nada, intrigada, querendo entender porque ele precisava tentar me "comprar" dessa maneira.

Quando, ao final do jantar, ele me levou em casa, convidei-o a subir, para terminar a conversa. Lá chegando, tentei fazê-lo entender que ele não precisava comprar ninguém dessa forma, que ele tinha perfeitas condições de conquistar alguém por seus próprios méritos. Que certamente haveria no mundo uma mulher (da idade dele) que o amaria pelo que ele era. Ele me olhou nos olhos, e disse: tu queres te fazer sozinha, não é? Eu disse sim, e ele foi embora tristonho.

Toda essa conversa foi ouvida pela minha mãe, que estava escondida na cozinha, deitada no chão para ouvir melhor.

Sobre a Autora

Selene **Fagundes** é Formada em Relações Públicas, foi Professora universitária da UFRGS e da Unisinos, trabalhou com comunicação nas esferas estaduais e municipais. É mãe de duas gatinhas e contribui também para o blog **Mosaicos Feministas**.

Sobre a Casa do Escritor

A Casa do Escritor é uma consultoria que presta serviços e auxilia escritores no processo de autopublicação e divulgação de seus livros.

Conheça os livros publicados e saiba mais em **casadoescritor.com.br**

CASA DO
ESCRITOR

9 781718 080249